en_
vuelta

LARANJA ● ORIGINAL

en_
vuelta

SOFIA FERRÉS

1ª edição | São Paulo, 2018

À Bruna Gomes e Matheus Guménin Barreto,
pelo incentivo e carinho.

Sem medo da queda azul

O segundo livro de poemas da uruguaia-brasileira Sofia Ferrés é uma obra de miniaturas. De versos em miniatura, imagens em miniatura, voz baixa e gestos lentos. Que não se engane o leitor, no entanto, esperando pouca força desses versos. Justamente o gesto contido e o tom sóbrio são aquilo que confere aos poemas de Ferrés aqui reunidos o tipo de força implosiva que neles encontramos; assim como, sabemos, o silêncio confere a qualquer mínimo ruído uma força que jamais notaríamos em meio à completa algazarra – como quando, por um curto tempo, numa sinfonia, dezenas e dezenas de instrumentos se calam e na clareira de silêncio um único instrumento (de sopro, talvez) se faz ouvir, agudo. A esse curto tempo correspondem os poemas de En_vuelta.

> "[...]
> quebrei o silêncio
> num copo de vidro
> teu objeto preferido"

O espaço de En_vuelta é um espaço tenso – ou retesado – ao extremo, na linha do equilíbrio, de modo que cada elemento ali criado permanece num repouso teso ou numa tensão sossegada: há uma constante duplicidade entre o corporal e não corporal (aos que nele creem), entre o interno e o externo, entre o Eu e o Outro. A partir principalmente do choque do Eu com o Outro (um tipo de antagonista – amoroso, talvez?), os poemas nos parecem sempre à beira do abismo – mas um abismo cotidiano, sem grande dramaticidade, sem grandiosidade; um abismo todo seu, simplesmente, do qual o eu lírico constantemente se salva e constantemente teme uma queda. O encontro – ou choque, ou embate – entre o eu lírico e o outro confere a todo o ambiente ordinário de um apartamento qualquer ou então de uma rua qualquer a carga eletrizante que os encontros e os desencontros têm a capacidade antiquíssima de desencadear; como o fizeram nas primeiras pessoas na ponta do tempo e farão, quem sabe, nas últimas na ponta do futuro. Nesse quase silêncio dos gestos lentos criado por Sofia Ferrés se ouve melhor tal carga elétrica.

A busca de equilíbrio e o embate com o fatal desequilíbrio parecem ter sido empreendidos pela poeta através de seus estudos acerca – principalmente – da filosofia iogue e de sua influência sobre a estrutura anatômica que é o corpo humano, latentes tais estudos em vários pontos do livro; mas é a partir do choque entre tal filosofia e o caos da metrópole na qual se encontra seu eu lírico que a autora alcança em En_vuelta um sentido próprio de contemporaneidade, de modo que apenas a partir desse choque é que a poesia de Ferrés se faz.

"[ansiedade]

algo flutua
– filha das coisas

aterrissará como sombra no
pensamento, aguardo-a
com a mão no queixo
tremendo o pé esquerdo

o incômodo de mil possibilidades
surge à porta
pedindo café"

Entre os poemas em português, os poemas (e título) em espanhol e os desenhos da autora presentes no livro se dá uma aproximação tão grande que o leitor certamente não estranhará estes dois últimos. Todos eles integram o embate do eu lírico por um difícil equilíbrio, por sua clareira de silêncio em meio à orquestra.

> "lembro de trepar pelos braços, troncos, galhos
> me arranhando – a árvore me subia pelo verde
> eu via o mundo erguida
> cinco vezes maior que a
> minha estatura de menina
>
> (sem medo da queda azul)
>
> os braços de madeira
> são também da cadeira
> de balanço
> de onde olho fixo, hoje
> da janela pra fora
> a árvore da frente"

En_vuelta de Sofia Ferrés é, enfim, desses livros que lemos em silêncio, mesmo quando em voz alta; mas num silêncio tenso, retesado, à beira de um pequeno abismo particular – e, mesmo assim, sem medo da queda azul.

MATHEUS GUMÉNIN BARRETO

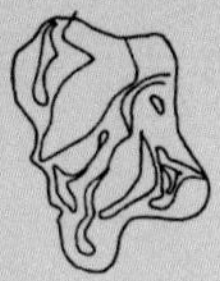

*as águas correm
no platô platônico
raízes sentem*

DIOGO YAS

recebi teu livro
do pacote ao abri-lo saiu um cheiro de éter
deve ser da tinta impressa
presa
ou das palavras
hospitalizadas

senti tontura o dia inteiro.

quando
até as pedras guardam quedas
e os pés, tombos
as mãos tontas procuram
o inconsolável destino
de separar-se das suas
soltas, agora esfriam
a vida fica num sopro
contida.

morei no teu pensamento por um tempo
não havia ninguém por lá
geladeira vazia, cama ainda quente

os gatos me olharam indecisos

quebrei o silêncio
num copo de vidro
teu objeto preferido

que frasco contém
o perfume que retém
toda a verdade

que mentira mora na
pele de quem você
diz ser

uma linha se abre
com tua velocidade
venta folhas e
um ombro se vira:
a língua paralítica
suspeita no efeito
de vácuo de te ver
passar.

a mente da sede é seca
sofre de febre silenciosa

a poucos passos do amor
chove

um calendário
cheio de futuro
pesa ao fitá-lo:
indaga de mim
mais presença

[ansiedade]

algo flutua
– filha das coisas

aterrissará como sombra no
pensamento, aguardo-a
com a mão no queixo
tremendo o pé esquerdo

o incômodo de mil possibilidades
surge à porta
pedindo café

um poema me surge no táxi
na sala de espera se perde
sem dono volta no meio
do eletroencefalograma
(sem rastros inscritos
nas linhas do exame)

um poema orbita magnético
e eu cleptomaníaca:
coisa alguma que é dos outros
assumo como minha

relógio não diz hora
diz agora
o tempo inteiro

o mundo ficou pesado no espaço de um dia
quem é que tece a vida, desenha a linha
designa nascimentos e encontros?
a noite é a morte do mundo e a morte não é só
do outro. a morte
fala devagar no ouvido acordando
-nos embaixo dos barulhos de vida
às vezes a morte grita
nosso nome
acaba com todo o sentido
do nosso nome
infringe o depois
cala a rotina
constrói outro dia.

se me fue
lo que iba
a decirte

se fue con
la ola
que te trajo

me quedo
callada
mirando
nuestro mar
y viene

27

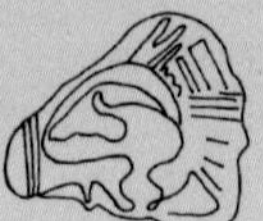

Y sobre todo mirar con inocencia.
Como si no pasara nada, lo cual es cierto.

ALEJANDRA PIZARNIK

ignoro despreparada as notícias do mês.
o funcionamento da opinião pública não me convence
(esboços de sociedade)
nem a utilidade de uma revelia
contra o sentido inverso destes dias

pudicamente,
examino as fases da lua sobre meu signo
(forças primordiais de reinos mais sutis)
aprecio o brilho difuso do metal manchado
a rachadura da argila enquanto seca
a ordem cósmica de uma mandala hindu
, ou do teto de uma catedral europeia.

a cor e a metamorfose da sua existência
me faz pensar que toda árvore é uma igreja

lembro de trepar pelos braços, troncos, galhos
me arranhando – a árvore me subia pelo verde
eu via o mundo erguida
cinco vezes maior que a
minha estatura de menina

(sem medo da queda azul)

os braços de madeira
são também da cadeira
de balanço
de onde olho fixo, hoje
da janela pra fora
a árvore da frente

às 5 em ponto
o sol se espeta
na altura do olho
metade fica atrás
do prédio, metade ataca
e derrete direto a fachada

o quarteirão todo vira
um mar amarelo-ouro

todas as coisas estão vivas
a escada que se mexe
o colchão que afunda
a janela estala do frio
– e o frio nos repele
tudo vibra
conversa
interfere
até o que não nos cresce está
cheio de tensões e intenções

encontrei-me com uma amiga
em sonho lhe dizia
você nota? como é ácida.
as coisas que você fala e afasta

(meu olho de vê-la
começou a derreter)

a casa ainda não está morta:
uma teia une bonecas tortas
tralhas às moscas do tempo
ácaros sobrevivendo de
tanta palavra nos livros

na poltrona o cadáver vivo
efeito de vestido estendido
que ainda balança com o vento
e no outono recebe um sol leve
como se algo começasse

tenho os olhos de ver:
suportam pouco, mas
há outra vista que
ensaio: onde todo
movimento é em
câmera lenta e
todo barulho é
de fundo e tudo
se concentra no
olho de um gato
a vida um lampejo
que queima que
nunca atinge o
âmago da coisa

depois de ter permanecido
por 114 milhões de anos
num limite crítico pesado
e condições pouco favoráveis
à espera de artistas e poetas
à maneira da sobrevivência
e de arcar com o fascinante
delicada e flagrante
sob raros raios solares
abre-se a primeira flor

o que pode ser mais leve
e extraordinário
quase imaterial

tudo passa entre as folhas da árvore
em seu mosaico verde e tronco:
o cheiro branco de dia amanhecido
uma brisa que entorta as penas de
um pássaro pousado escondido
– o próprio abismo
de um entardecer vermelho
do peitoril da janela
debaixo das telhas
não me cabe falar:
na mente da árvore
o dia continua vivo.

em lua cheia o mar infla o peito
e eu posso cheirar a madrugada
os beijos nascem aqui: respiram entre
alvéolos salinos, se aquecem sem palavras
até o amanhecer:
acordam na boca

me puxa tão doce
pro sonho. dormir
é como voltar a
uma outra casa
: a mais antiga

acorda e é mistura
de minério e ossos
– coisas perfeitas
argilas suspensas
cadeias de carbono
pontes de proteína
a carne um cristal absoluto, magma
conservado como pedras – teus olhos

absorta nos teus limites
com sabor de manhã
te eternizo

encontro-me tão natural
não há um só dia que eu resista
em migrar seu nome pela minha
carne d'água, entreabro deixo
que a escrita pulse aflita
um movimento pra baixo

esses traçados são hoje
poemas sagrados em mim

no quadril sacro
mora ali minha alma
encurtada entre ísquio
e íleo, linha arqueada
divide meu corpo
entre osso e asa

palavra não é realidade
a palavra mel não sabe ser Mel
da cor âmbar
é escrita não extraída
não alimenta paladar ou
olfato. reúne três letras,
nunca à mesa. aponta, é
mapa. palavra só serve
quando aquilo não há.

as palavras me são estranhas.

pesam às vezes e estão mortas
entre um parágrafo e outro

os poemas decantam
quando paramos de pensar neles
quando não desafiamos a linguagem
na manhã do texto.

então olho o lobo
que acredito ser fêmea
sirvo um pouco de
tabaco a mim mesma
me acalmo na mortalha
e preparo o ritual em
rigor. mas uma rajada
de vento o faz voar.

palavras como folhas
secas de tabaco, leva-
as o vento. talvez por
isso eu escreva:
as palavras que penso
são ainda mais efêmeras

pela rua cruzo com alguns rostos
e alguns versos, todos passam e
no rastro: um mosaico. coexisto.

me divido tanto mas penso o sol
também tem seus ensinamentos.
sem muito propósito e destino
o terceiro olho arde e implode.

não irei pelo bosque
sentenciando árvore
forte envelhecida só
torta dá sombra alta
demais
não irei pelo mundo
ordenando o mundo
como não faço num
bosque

os prédios vigiam o bairro
com seus múltiplos olhos
acendem e fecham
cortinas de pálpebra
como gigantes tontos,
imóveis

quase escuto a aflição
que já foi a minha, não fosse
as dezoito lunações e transições que
me mantêm com pés e cabeça: nova

foram
parágrafos inextricáveis de teoria
inevitáveis correlações de símbolos
visões ideais e mensagens siderais
entrelaçadas à dança dos céus, de
resto:

se me ponho agora à espera
de uma antiga carta escrita a
ti, nada pode ser dito que não
evoque a sensação enganosa
de perda, de travessão à meia
-risca, ao hífen passageiro e
difícil

agora, no espírito dos tempos
sem grandes enquadramentos
a verdade é um súbito simples
incondicional

o silêncio que sustenta
as palavras e o canto disperso
de pássaros é o silêncio que habita
a casa de madrugada e acompanha
de fora sonos agitados

nesse quieto erguem-se
todas as formas que conhecemos
antes não havia nada
e no vazio: o silêncio

algo se renova
todos os dias
além do ar de
hoje cedo os
íons e oxigênio
a estrutura na
qual vivemos
as palavras
como vigas
sustentam
que mesmo assim
e aos poucos
tudo se parecerá:
todos os rios
viram mar

ao reparo:
a Verdade como resposta
a Verdade reposta à luz

a gente gosta de algumas coisas parecidas
como por exemplo da roupa estendida com
as mangas pra cima e antes de descobrir o
valor do tempo costumávamos olhar
para fora a pedir por um dia melhor

o molho que compramos vem embalado
perfeitamente, usamos o megafone cada
dia ímpar (pulando números primos)
agora que se aproxima o último dia
queremos saber
é possível morrer na primavera? olhe

dentro do copo e para o relógio
temos a mesma surpresa
pequenas esculturas
que duram tão pouco

estamos felizes que o
ar começa a aquecer
pela primeira vez

te
huelo
vuelo
vuelvo
a casa

© 2018 Sofia Ferrés

Todos os direitos desta edição reservados à Laranja Original Editora e Produtora Ltda.
www.laranjaoriginal.com.br

Edição
Clara Baccarin
Filipe Moreau
Germana Zanettini
Projeto gráfico
Iris Gonçalves
Imagem da capa e ilustrações
Sofia Ferrés
Produção Executiva
Gabriel Mayor
Foto da autora
Mayra Biajante Soeiro

Dados Internacionais de Catalogação na Publicação (CIP)
(Câmara Brasileira do Livro, SP, Brasil)

Ferrés, Sofia
　En_vuelta / Sofia Ferrés. -- 1. ed, -- São Paulo :
Laranja Original, 2018.

　1. Poesia Brasileira I. Título.

18-15914　　　　　　　　　　　　　　　　　　　　　　　CDD-869.1

ISBN 978-85-92875-34-3

Índices para catálogo sistemático:
1. Poesia : Literatura brasileira 869.1

Fonte: Segoe UI
Papel: Pólen Bold 90 g/m2
Impressão: Forma Certa